문학예술 한국대표시인선
Literature Art Poem Book Series

옥인동 가는 길

 문학예술

문학예술 한국대표시인선

옥인동 가는 길

초판1 인쇄일 ✽ 2024년 12월 10일
초판1쇄 발행일 ✽ 2025년 01월 05일
지은이 ✽ 조 두 환
펴낸이 ✽ 이 일 기
펴낸곳 ✽ **문학예술사**

본사 ✽ 02579 서울특별시 동대문구 왕산로9길15
편집실 ✽ 04627 서울·중구 퇴계로32길 20
H·P ✽ 010-5211-1771
팩스 ✽ (02) 924-8807
E-mail ✽ poem1771@hanmail.net
등록 ✽ 제2-4501호

ⓒ 조두환 2024

잘못된 책은 구입하신 서점에서 바꿔 드립니다.
지은이와 협의하에 인지를 붙이지 않습니다.

값 ✽ 12,000원

ISBN 979-11-90993-39-5 (부가기호:03810)

조두환 시집

옥인동 가는 길

서시

봄이 돌리는 풍차

창밖 언덕 위 숲은 우리 집 달력
봄이 돌리는 풍차가
끊임없이 여닫는 세월의 창이다

계절의 씨앗인 봄은
새로 오는 것이 아니라
어딘가에 숨어 기다리고 있다가
누군가의 부름을 받고 나오는데
그게 세월이겠지

그는 눈망울 뜨기 시작한 잎새마다
노란 꿈 물들이고 훌쩍 사라지는
도깨비다
아니 매시간 극성스레 잎사귀를 키우는
왈순아지매다
아니 손바닥에 물들인 연초록 물감으로

무지개를 뿜어내는 예술가다

그리곤 여름을 데리고 나와
긴 그림자들을 모아 성을 쌓고는
풀벌레들의 노랫소리 강물 되어 흐르게 한다
바람 부는 날이면
이파리가 무거워 쩔쩔매는 나뭇가지를 달래며
가을을 초대하여 화려한 금빛으로 물들인다

황금 왕관을 쓴 계절은 쇠락의 축제를 열어
무거운 것 다 내려놓고 홀가분하게
긴긴 겨울의 외롭고 깊은 잠에 빠져든다

봄은 나무들과 함께 살면서
겨울이 오면 봄은 멀지 않으리란 메시지를 되새기며
말없이 기다림의 풍차를 돌린다
자연도, 고향도, 인생도, 여행도, 신앙도
모두 제 왔던 길로 되돌아가게 한다
세월은 봄의 영원한 회전이다.

2024년 11월

솔뫼 조 두 환

차례

• 서시 / 봄이 돌리는 풍차 • 4

자연 속에서

1. 하조대河趙臺 • *15*
2. 느티나무 • *17*
3. 느티나무 그늘 밑 • *18*
4. 도심의 해당화 • *19*
5. 모란의 봄 • *21*
6. 나의 모란 • *22*
7. 꽃말 • *23*
8. 바람꽃 • *24*
9. 민들레의 꿈 • *25*
10. 첫 봄나들이 • *26*
11. 무지개 • *27*
12. 빛살 • *28*
13. 2월의 가로수길 • *29*

14. 입춘 • 30
15. 우수 날에 • 31
16. 십일월 • 32
17. 바람은 • 33
18. 사직공원 • 35
19. 담장 위 덩굴장미 • 36
20. 동백 • 37
21. 담쟁이 넝쿨 • 39
22. 장욱진 미술관을 다녀와서 • 40

고향 속에서

23. 옥인동 가는 길 • 45
24. 고향 나그네 • 47
25. 옥인동 146번지 • 48
26. 인왕산 치마바위 • 49
27. 나의 초상화 – 어버이날에 • 50
28. '오래 잊은 좋은 일' • 52
29. 얼굴 • 54
30. 액자 • 55

31. 스카이워크 · *56*
32. 낙동강 하굿둑에서 · *58*
33. 부산 초량동 산복도로 · *60*
34. 거제도 · *62*
35. 밤 아홉 시 · *64*
36. 누구라 할 것 없네 · *66*
37. 옛 사진을 보며 · *67*
38. 노을빛 진리 · *68*
39. 보릅스베데*의 추억여행 · *69*
40. 문단속 · *71*
41. 신문 스크랩 · *73*
42. 고무 지우개 · *75*
43. 격리 · *76*

인생 속에서

44. 하루 · *79*
45. 걱정 · *80*
46. 노욕 · *81*
47. 여생 · *83*

48. 타는 목마름 · *84*

49. 날파리 목숨 · *85*

50. 서울역 · 1 · *86*

51. 서울역 · 2 · *88*

52. 서울역 · 3 · *90*

53. 서울역 · 4 · *92*

54. 서울역 · 5 · *93*

55. 서울역 · 6 · *95*

56. 나리꽃 · *96*

57. 유화를 그리며 · *97*

58. 작은 바로크 음악회에서 · *98*

59. 갈곡리 · *99*

60. 부스러진 낙엽 · *101*

61. 겨울비 · *102*

62. 한낮의 정적 · *103*

63. 빨래의 미학 · *104*

64. 마음의 눈동자 · *105*

여행 속에서

옥인동 가는 길

65. 브뤼헤* 성당의 종탑 아래 · 109
66. 평화의 광나루 · 110
67. 바젤의 전차 · 112
68. 물 위로 흐르는 노을 · 114
69. 리보르노*에서 · 116
70. 유쾌한 해적 · 117
71. 소나기 내린 날-루드비히스부르크 · 118
72. 성 마르코 광장 · 120
73. 리스본 · 122
74. 튀빙겐의 슈토커칸* 나룻길 · 123
75. 루터 광장 – 아이제나흐에서 · 124
76. 추억의 돌멩이들 · 126
77. 리스본의 돌 · 127
78. 쾰른 대성당 · 129
79. 광장의 풍각쟁이 · 130
80. 슈파이어*에서 · 132
81. 한겨울의 개나리 · 134
82. 베르톨트 브레히트*의 생가 · 135
83. 뮌스터*에서 · 137
84. 파사우* 송頌 · 138
85. 아이제나흐* · 140

Contents

5 신앙 속에서

86. 엑시테 알리* · *143*
87. 교회 울밑의 장미 · *144*
88. 마르틴 루터 · *145*
89. 한 번쯤은 꼭 보고 싶어요 · *146*
90. '사마람'* 사람들 · *147*
91. 바람 속 거울 · *149*
92. 어떤 강연 · *150*
93. 자꾸 뒤를 돌아보지 말자 · *151*
94. 참빛 · *152*
95. 상가 골목길의 평화 · *153*
96. 성탄절 전후 · *154*
97. 사전 · *155*
98. 하얀 목련 · *156*
99. 어울리는 모자 · *157*
100. 벽시계 · *158*
101. 이단 · *159*

■ 시인의 말 / 솔뫼 趙斗桓 · *161*

1부 _ 자연 속에서

1. 하조대 河趙臺
2. 느티나무
3. 느티나무 그늘 밑
4. 도심의 해당화
5. 모란의 봄
6. 나의 모란
7. 꽃말
8. 바람꽃
9. 민들레의 꿈
10. 첫 봄나들이
11. 무지개
12. 빛살
13. 2월의 가로수길
14. 입춘
15. 우수 날에
16. 십일월
17. 바람은
18. 사직공원
19. 담장 위 덩굴장미
20. 동백
21. 담쟁이 넝쿨
22. 장욱진 미술관을 다녀와서

하조대 河趙臺

저 너른 바다가 보낸 파도의 손편지다
저 세찬 바람이 보낸 사랑의 메시지다
변함을 모르는 바위마다
늘 푸른 소나무마다
기기묘묘하게 다듬어 놓은
예술가의 손길

아름다운 양양 바닷가는
고려말 새로운 왕조 꿈꾸며 새벽 별 헤아리던
하륜河崙과 조준趙浚의 우정을 기리어
하조대라 이름하였다거니
사랑하는 이의 더욱 애절한 사연들이
전설의 노을꽃 달고 날아와
부서지는 파도와 함께 물보라를 치고 있구나

스치는 바람도 예사지 않고
날아가는 기러기조차 눈을 떼지 못하여
기웃기웃 숱한 미련 남기고 가는 바닷가

모래밭 언저리에서 미소 짓는 해당화 꽃잎에는
흰 구름이 배달하는 하늘의 소원들이
물비늘 물결 담고 출렁거린다.

느티나무

조선조 성종 대왕의 후손 이두양 공이
1624년 경기 용인 영덕의 한적한 들판에
삶의 터 닦으며 심었다는 느티나무
마을의 수호신으로 세월 따라 죽죽 자라
수많은 옹이를 안은 고목이 되었지만
이런 때가 오리라고 가늠인들 했을까
옆으로는 수원의 으뜸길 영통대로 트이고
맨해튼 번화가에 줄지어 선 초현대식 고층아파트
눈 밝은 사람들은 금싸라기란 이름을 덧붙이면서
타오르는 마음에 잽싼 불을 지펴보지만
'늦되어' '느티'인 나무는
바람 같은 시간 앞에서 꾸물꾸물
소가 닭 보듯 눈만 껌뻑이고 있다.

느티나무 그늘 밑

쓰르라미 매미의
공연무대가 되는
한여름 땡볕
느티나무 그늘 밑
시원한 소리
시냇물로 흐르는
하늘나라 쉼터

어스름이 깔리고
모두가 잠드는 시간이면
갈 곳 없어 머뭇대는 꽃구름
적막의 무게를 쌓아 가는데
아무 매인 데 없는
산들바람만 노니는
달맞이 해방공간.

도심의 해당화

동해 바닷가 모래밭
가림 없이 새벽이슬 맞으며
떠오르는 햇살과 바람결에
몸과 마음 맡기며 살던
하늘 바다 꽃 해당화

도심 빌딩 그늘 밑
커다란 시멘트 화분 위에서
바람소리 파도소리 아닌
사람소리 차 소리
보이지 않는 줄 따라 사는
낯선 새터민 해당화

얼굴은 매양 오로라 핑크빛이나
향기도 마음도 같으려나
바다의 꿈 그림자 지우고
사람의 눈길 따라 몸매 다듬는
모델 해당화의 운명

뉘에게 보일까나
이슬 대신 고이는 눈물.

모란의 봄

네가 꽃을 피우기까지는
아직 자기의 봄을 기다리겠노라는
시인의 간절한 염원이
가슴을 울리고 있는데
도심 한복판 회색 공간에서
회생의 입김을 가다듬고 있는
너를 만난다

과수원 양지바른 길이 아닌
빌딩 숲 차가운 그늘 밑에서
돌쩌귀 빠져나간 문짝처럼
새봄의 문 조심스레 여닫으며
기어이 꽃을 피우고
향기를 날리기 시작한 너
기다리던 나의 봄도
그렇게 오지 않으랴.

나의 모란

어린 시절
웃풍 센 방안을 아늑히 해주던
병풍 속 나의 모란이여

도심 한복판
휑한 길목을 가로막은 빌딩 숲
새 시대의 병풍 속 가로의 화단에서
다시 만난 그대는
나에게 자줏빛 미소를 되돌려주며
망각 속에 사라진 꿈들을
봄으로 피워내고 있었다

나의 모란은
매끈하고 요염한 눈앞의 여인이 아니라
따뜻하고 후덕한 가슴의 여인
나의 외로움을 달래주고
나의 좌절감을 씻어주는
성스러운 구원의 품
어머니 얼굴이다.

꽃말

겹겹 꽃잎 안에 담긴
소리 없는 꿈
세상근심 모두 땅속에 묻고
끝내 잊을 수 없는 마음은
긴 줄기 침묵으로 세워
꽃으로 피워 올렸나?

슬픔과 노여움
기쁨과 즐거움
구름처럼 떠올라
가슴에 드리우면
스민 향기 잡아두려고
말로 묶어 놓았나?

꽃은 말로 영원을 산다.

바람꽃

흐느끼는 바람결에
삶을 다듬어
생각 깊어가게 하는 꽃

사랑의 가교 아래
흐르는 강물 따라
서로의 잘잘못도
모두 잊을 수 있도록
생명력 돋우는 꽃

거죽 삶 지우고
속 삶 살리는
하늘 아래 제일인
바람 속
꽃 중의 꽃.

민들레의 꿈

꽃마을 장터로 가는
좁다란 길모퉁이에
쪼그려 앉은
노란 천사들

딱딱한 지하철 통로 가에
텃밭에서 꾸려온 작은 보따리
좌판 위에 풀어 내놓고 고개 파묻은
하얀 머리 노란 얼굴
꼬부랑 할머니

숲속 나뭇잎 사이로
깡마른 가슴
저녁놀에 날리며
바람보다 가벼운
텅 빈 보따리
기다리고 기다리는
민들레의 꿈.

첫 봄나들이

봄 햇살 아지랑이로 춤추는
도심 가로수길
키다리 은행나무 아저씨 댁
발치 그늘에 모여 있는
아기 민들레들
첫 봄나들인가

모두 키가 고만고만
얼굴마다 피어난
노란 아기 사자 이빨과
파란 젖 냄새
바람, 햇빛, 풀, 시냇물
봄 버들강아지도 마중 나왔네

그런데 저 뒤에서
혼자 토라져 우는 녀석은 누구
다홍빛으로 멍든 노란 얼굴
시샘 많은 봄바람이 남긴
생채긴가 봐.

무지개

햇빛을 가리고
메마른 땅을 적시는 비
비를 거두고
젖은 땅을 말리는 햇빛

햇빛과 비는
세상에 둘도 없는
미운 짝꿍

서로 어깃장 부리며
제 길만 가다가
그래도 어느 날 서로 만나
사랑의 손길 내밀 때
무지개로 핀다.

빛살

하늘빛
신성한 소리 담은
새하얀 미소
성전 스테인드글라스 창을 지나며
색동옷 갈아입고
기도하는 창가
텅 빈 가슴 찾아
내리시네

여기 있나이다 아픈 영혼
여기 있나이다 타는 목마름
바람마저 손안에 쥐신
놀라운 힘으로
잡초처럼 자란 세상 욕심
모두 풀어주시는
오 천상의 빛이여
어서 오소서.

2월의 가로수길

겨울잠에서 깨어나는
나목들의 마지막 진통이려나
봄을 향한 목마른 그리움이
가쁜 숨 몰아쉬며 무겁게
고독의 심연에서 샘솟는
2월의 가로수길

걸어 들어갈수록
두 팔 벌려 반기는 나무들
세상 욕심에 절은 우리 가슴에
빈 항아리 속 울림 같은
따스한 사랑 안기고
쌓인 적막 깨뜨리네
오 새봄의 눈뜸이여.

입춘

겨우내 골목집 뒤
추녀 밑에 숨어 있던
고동색 나뭇가지엔
푸르른 새 빛살 물들어 오고
얼핏 노란 생명의 소리까지 들린다

나무들은 몸이 근질근질한 듯
햇살에 기지개를 켜고
매섭던 바람결에 포근한 입김 내쉬니
가슴 움츠리게 하던 것들
다 덜어내고픈 시간이다

누군가 저기서 걸어오고 있다
봄 처녀라 부르는 사람도 있지만
대지에 아롱대며 우리 향해 손짓하는
아지랑이 따라
나도 어디론가 떠나고 싶다.

우수 날에

세상은 물안개 속
봄을 재촉하는 비가 내린다
메마른 대지를 촉촉이 적시는 모습은
고집불통 떼쟁이를 불러 세워
어르고 달래는 어머니 손길 같다
세상은 밀레*의 『만종』 속
기도하는 시간처럼
모든 생명 어두운 대지에서 돋아나는
신비의 그림자
눈앞에 두루 번져오는데
봄으로 가는 문은 굳게 닫혔어도
빗방울들의 두드림 굳세고 간절하여
대답 없으면 물러서지 않을 기세라
성스러운 언약대로
생명의 문은 꼭 열리고 말 것이라.

* Jean-François Millet(1814~1875): 농민의 일상을 묘사한 프랑스 사실주의 화가. 그의 작품 『만종 L'Angelus』.

십일월

노루 꼬리 햇살 무겁게 내려앉는
늦가을 들판의 바람결에
모든 걸 내려놓고 사푼대는 나무들처럼
여로에 서는 외톨박이 겨울 나그네

여름의 끝자락을 화려하게 불태우는 시월이나
한 해의 내림 장막에 묻혀가는 십이월에 비해
회색 노인의 엄연한 한숨 같은 십일월
'모든 게 아직 다 사라지지 않은 달'이라 일컫은
인디언의 지혜가 새삼 가슴에 불을 밝히는 계절

모든 걸 잃었어도
견디고 이겨내야 할 것이 많이 남아서
가진 것 모두 찬바람에 시치고
감사의 씨앗 새순을 돋우어
겨울의 강 꿋꿋이 건너게 하는
십일월은 징검다리 아우름의 달.

바람은

바람은
가는 길을 묻지 않는다
막히면 돌아가고
높으면 휘넘어간다

바람은
만남도 헤어짐도 모른다
만나면 만나는 대로
헤어지면 헤어지는 대로
언제나 함께 있기에
기쁨과 슬픔 같은 것도
굳이 가르지 않는다

바람 부는 걸
하늘이 운다고
말하는 사람도 있지만
가만히 듣고 있으면
휘파람 소리 끊이지 않으니

언제나 즐거워 노래 부르는 것이다

하늘은
쉬이 모습을 바꾸지만
쉬이 변하지 않는 것처럼
바람도
따라서 그렇게 한다.

사직공원

돌담 넘어 큰 강물이 흐른다
차 소리 물결 되어 출렁이는
숨 가쁜 새날의 거리

담장 안 사직단에는
정적이 고여 있다
순수 원초의 꿈이 사는
단군성전 영원무궁한 샘터
나라의 풍년과 안녕을 비는
모든 바람의 잔잔한 샘물

살아 있는 모든 것들
소음 속 회오리에서 빠져나와
둘레를 맴돌다가 가만히
으스름 걷어내고
물비늘 옹달샘에 목마름 달래며
새로운 세상을 그린다.

담장 위 덩굴장미

한해를 기다려 다시 만나는
비탈길 담장 위 덩굴장미
옆자리의 산수유가 먼저
노란 꽃 봄의 입김 남기고
진즉 일상으로 돌아선 지금
누굴 향한 그리움이려나
늦은 봄 눈 부신 햇살 따라
몸을 사르듯 활짝 피어난
장미 너의 고운 미소여
찬란한 순간 속에 아스라이 무너질
짧은 삶의 향기 장벽 위에 얹고서
하얀 이별의 슬픔 삼키고 있는
너는 그래서 그리 곱디고운 건가.

동백

뱃고동 소리 울려 퍼지는
남도 바닷가
간간한 갯바람에 몸을 흔들며
함박눈 흩날리는 하늘을 향해
뜨거운 인고의 소망 쌓아 올리는
기다림의 꽃

겹겹 선분홍 꽃잎에
노란 꽃술 가슴에 품고
두툼하고 매끈한 이파리 베게 삼아
양지바른 햇살에 언 몸 녹이며
세상에서 제일 포근한 잠 이루다가
꿈속에서
해안 길 따라 먼길 떠나는
외로운 나그네의 품에 안기어
언제 어디라도 못 가는 데 없는
바람 같은 꽃

동박새 울음소리 아련히 들리는 날
이 세상 다 살았노라 생각되는 때
마음속 결기와 품위와 사랑을 모아
송이째 몽땅
자유의 이름으로 몸 사르는
해방의 꽃.

담쟁이 넝쿨

어느 명문 학교가 남기고 간
공원 안 묵중한 벽돌집
담쟁이 넝쿨이 무성하게
온몸을 감싸고 있네

햇빛 쨍쨍하면 바람 소리로
비가 오면 물방울 소리로
철 따라 새 옷 갈아입히며
깐깐하고 모난 얼굴 덮어주는
동그라미 마음

세상을 이겨 먹겠노라고
회색 거리로 뛰쳐나간 철부지 제자들을
다시 푸르름 속으로 불러들이려나
인자한 구레나룻 선생님의 미소
오늘도 텅 빈 공원을 지키고 있네.

장욱진 미술관을 다녀와서

봄이 한창 무르익어가는 4월 말
별러오던 우리의 문학기행 날
때아닌 빗발이 쏟아지고
천둥 번개가 몰아치는데
경기 양주시 장흥면 권율로
장욱진 미술관을 찾았다
어린이 같은 순전한 마음으로
가족과 가정을 사랑하며
순수 무구한 세상을 찾아 헤매던
하늘이 보낸 예술가
세상 지식 무한 광대하다 하여
우리를 알 수 없는 세계 속에 몰아넣고
기아처럼 헤매게 만드는 나쁜 예술가가 아니라
소박하고 포근한 감정을 마음에 꽃피게 하는
그가 너무나도 사랑하던 까치처럼
반가운 아침 소식을 가져다주는
착한 예술가
그의 붓질에는 겸손이 묻어 있다

그의 색채에는 사랑이 물들어 있다
그의 눈빛에는 애틋함이 깃들어 있다
고도의 과학기술이 정신계를 쥐락펴락하는
아픈 이 시대에
꾸밈없는 원초의 세계에 색동옷 입혀
가슴에 안겨주는 고마운 예술가
그와 만난 화랑을 거쳐 나오니
어느새 하늘의 먹구름은 사라지고
세상은 맑고 밝은 빛으로 반짝이고 있었다.

2부 _ 고향 속에서

23. 옥인동 가는 길
24. 고향 나그네
25. 옥인동 146번지
26. 인왕산 치마바위
27. 나의 초상화 - 어버이날에
28. '오래 잊은 좋은 일'
29. 얼굴
30. 액자
31. 스카이워크
32. 낙동강 하굿둑에서
33. 부산 초량동 산복도로
34. 거제도
35. 밤 아홉 시
36. 누구라 할 것 없네
37. 옛 사진을 보며
38. 노을빛 진리
39. 보롭스베데*의 추억여행
40. 문단속
41. 신문 스크랩
42. 고무 지우개
43. 격리

옥인동 가는 길

사직단 바라보다가
잠시 눈을 감으면
머릿속에 잠기는 옛 그림자
인왕산길 동네 어귀와
잘려나간 금천교 시장이
드문드문 되살아나고
활시위처럼 굽은
황학정 바우길 걸어 오르면
고향 등진 무심함을 탓하려는가
밟히는 돌조각들
반란하는 소리 요란하다

옥인동 가는 길
집들은 도시화의 바람결에
훌쩍 큰 아이처럼
하얗게 변해 있고
어릴 적 숱한 이야기들은
건사 못할 옛 물건처럼

뽀얀 먼지 쓰고 누워있는데
문득 옛사람의 목소리가
저 먼 시간의 벽을 넘어
아스팔트 위에 모여든다

수많은 어제와 오늘 사이
또 자꾸만 밀려오는 내일 앞에서
이제 내가 할 수 있는 건
누에처럼 무심하게
시간의 올을 뽑아내는 일
행여 푸른 바다로 변할 이 자리에
겹겹 그리움의 수繡
조금씩 놓을 수 있을까.

고향 나그네

눈 감으면
아스라이 그리움에 잠기고
눈 뜨면
연못 위 파문처럼
동그라미 그리는
미련

고향이 등잔 밑이라
외래 잊고 지낸
사향思鄉의 나날들이
묵은 아쉬움 되어
이제 모두 일어나
바람처럼 떨고 있구나

돌아온 탕자처럼
벌거숭이 알몸으로
서성이고 있는
나의 고향 길
그래도 이 몸 반겨 줄까.

옥인동 146번지

도시개발이라는 이름으로 사라진
내가 태어난 옛집 그 자리에
어설피 들어선 5층 빌딩 앞에서
꺼져버린 옛꿈을 더듬고 있네
산천은 의구한데 인걸은 간데없다더니
정작 옛사람은 왔는데 산천이 모른 체하네
인왕산 수성동 골짜기에서
옥류동천 물줄기 따라가는
구부러진 길 양쪽으로
이 빠진 노인의 치아처럼 들쭉날쭉
옛집 사이로 새집이 들어서 있고
관광지 서촌으로 옷 갈아입은 길목마다
틀니처럼 끼어든 낯선 이국의 풍물들
이제 구경삼아 이곳을 찾아드는 사람들에겐
창백한 상실감 너머 발효되지 않은 추억들일랑
가슴에 와 닿기나 하랴.

인왕산 치마바위

인왕산 가슴 앞을 두른 치마
주름진 모양 따라 붙여진 이름이지만
많은 전설도 아우른 바위는
정녕 우리를 늘 감싸 안아주던
어머니의 치마폭 이었다

어린 시절 동네 조무래기들이
악동 대장의 선동하에 우르르 몰려나가
맨발로 바위 타기를 하던
생각할수록 아찔한 추억도
아무 탈 없이 지나가게 한
따뜻한 모성의 품과 손길

그때 그 아이들
지금은 어디서 무얼 하고 있는지
개구쟁이들의 놀이터는
역시 그때 일이 생각나는 듯
치마폭 펼치면서 생끗 미소 짓는다.

나의 초상화
- 어버이날에

친구가 컴퓨터드로잉으로 뽑아준
나의 초상화
많은 사람이 말하듯
아버지를 아주 많이 닮았다는 나에게서
어머니 모습도 많이 보인다는
아내의 눈썰미가 새롭다

내 얼굴에 흐르는 아버지와 어머니
이 세상 사시는 동안 어머니는
이따금 아버지에게 섭섭함을 느끼실 때면
덩달아 나도 나무라는 일이 많으셨지만
아버지를 진정 미워하지는 않으셨던 것처럼
나를 향한 사랑도 속 깊은 바닷물이었어라

어느덧 나도 이제 여든 살 노인이 되었지만
저세상에 계신 부모님 앞에선
한낱 철부지 어린아이라

두 분의 영력이 내 육신에 깃든 한
내 얼굴은 우리 모두 함께 흐르는 미리내 강물
내 가슴은 영원한 꿈길이어라.

'오래 잊은 좋은 일'

오래된 수첩을 뒤적이노라니
참으로 많고 많은 일들 적혀 있네
그만큼 열심히 살아왔다는 증거이지만
그중에는 기억조차 말끔히 지워져
새로운 사건보다 더욱 새롭게 느껴지는 일도 많다
어느 날짜엔 '지하철역'이라는 제목 아래
시 한 구절이 적혀 있네
"숲에 가면 좋은 일이 있는듯하다
덤불 속에 아직 온기 남은 작은 멧새 알 하나
바위 모서리를 뚫고 샘솟는 뜨거운 석간수 한 모금
숲에 가면 오래 잊은 좋은 일이 있을 듯하다"
이시영 시인의 글 한 부분인데
내가 무슨 생각으로 이렇게 적어놓았는지 감감하지만
곰곰이 따져보니 제목이라고 생각했던 건
지하철 스크린도어의 시를 가리킨 말이네
시인의 옥구슬 같은 그리움이
도시의 일상 속에 휩쓸려 살던 내 마음과 만나서
근 20년 망각 속에 묻혀 있다가

시 속의 염원대로 '오래 잊은 좋은 일' 되어
내 가슴의 덤불 숲속에 영감靈感으로 다시 살아나
잠든 영혼 깨우는 반딧불 되었네.

얼굴

오랜만에 만난 가슴 훈훈한 그 사람
그때엔 나이가 예순 줄이어서
그나마도 저녁놀 환한 한낮이었는데
이제는 여든 고비를 훌쩍 넘어서고 보니
따사로운 햇살 한 가닥 아쉬운
밤의 얼굴이 되었네
비바람 세월의 그림자 역력하지만
매정한 시간의 틈새로
그래도 반짝이는 비췻빛 평화
평생 인내와 연단으로 다듬은
절제와 겸손의 꽃이어라
얼굴에 핀
참사람의 향기여.

액자

젊은 날 내가 살던 스위스의 한 거리가
우연히 텔레비전 화면에 비치네
망각 속에 묻힌 수많은 인연의 순간들이
언뜻 파도처럼 밀려와
가슴에 굽이치고
로터리에 활짝 핀 제라늄 꽃들도
눈앞의 증인 되어 미소 짓는데
마음의 애틋한 추억들
이제는 시간의 액자 안에 갇혀
눈길도 주지 않네
언젠가 내 얼굴에도
액자가 끼워지면
삶의 지난 이야기들도
비 없는 구름처럼
구름 없는 바람처럼
방향 없는 객관의 눈길만을
무심하게 반사하고 있지 않을까.

스카이워크

하늘 가는 이 산길
스카이워크에선
저 바다의 섬들
다섯인지 여섯인지 아리송하여
오륙도라 한다지

언덕배기에 촘촘한
연보랏빛 구절초 한 마당
그 뒤로 뽐내듯 우뚝 선
빽빽이 아파트촌
하늘의 눈으로 보면
고작 꿈의 지도 그리는
그리움의 꽃밭

인간사 모두 소꿉놀이다
그래도 저마다
건드리면 터져버릴
눈물 보따리 가슴에 안고

하늘빛 바다 되도록
바다 빛 하늘 되도록
출렁이고 있다.

낙동강 하굿둑에서

칠백 리 물길 굽이굽이 흘러온 강
낙동이라 이름 불릴 마지막 자리에서
새로이 갈 길을 찾는다
가장 낮은 자리에서도 유유히 흐를 수 있는
겸손한 물길만이 보내지는 바다

저 건너
거친 물결에 휩쓸려 생겨난 모래섬
갈대밭 을숙도의 미소를 보라
길잃은 철새들의 보금자리가 되고
나락에 떨어진 지친 생명 품어 안아
하늘을 바라보게 하는 사랑의 손길
강물은 그 힘 받아 바다로 흐르지 않더냐

바다는 아무도 치유할 수 없는
서글픈 자의 멍든 가슴 풀어주고
지난날의 아픔과 서러움 모두 잊게 하려고
소망의 촛대 위에 불을 지피노니

저 멀리 다대포의 저녁노을로
제 몸을 저리도 홍시처럼 물들이지 않더냐

바다는 모든 어머니의 어머니
먼 갈맷길 따사로운 친정을 떠나
더 맵고 추운 시집살이 살아온 여인처럼
명예와 자랑거리 모두 다 떼어놓고
언제나 가야 할 그 길 위에서
새 생명 젖줄로 끊임없이 거듭나지 않더냐.

부산 초량동 산복도로

부산항을 품어 안고
숲 대신 사람들을 맞아들인 산
양지와 응달을 가르는 정수리에서
산전수전 다 겪은 노인의 허리띠처럼
휘늘어진 채
도시의 어제와 오늘을 지키고 있는 길

가파른 산비탈 아래
깊은 골짜기는 가난한 어머니의 품
촘촘한 집들 사이
부산진역으로 통하는 길은
지난날 궁핍했던 피난살이의 응어리가
좀 살만해진 오늘과 뒤엉켜
망부석처럼 바다를 바라보고 있다

항만의 바다는
가족의 생계를 위하여 땀 흘리는
당당하고 꿋꿋한 아버지의 가슴

드문드문 높이 솟은 빌딩들로
바다 그림자 짙어가지만
구불구불 산복도로의 허약한 등허리를 향하여
가난을 부끄러이 여기지 말고
맑은 영혼 가다듬어 더욱 열심히 살라는
아버지의 엄한 훈계 소리
파도 되어 세차게 출렁거린다.

거제도

가파른 비탈길 넘고 넘어
줄줄이 이어지는 어엿한 마을
얼마 전만 해도 허허벌판이었노라
추억 떠올리는 노인 택시기사의 사투리가
신비로운 방언처럼 들려오는데
멀리 보이는 평화로운 옥포 바닷가에는
조선소 굴뚝이 전설처럼 우뚝 서 있고
바닷길 아래로 뚫린 거가대교는
외딴 섬을 단숨에 육지로 만들어 시원하다

고립을 천혜의 조건으로 삼아
전쟁 포로수용소와 피난민 선착장으로 쓰인
육이오 전쟁의 아픈 상처가
이제는 잊힐까 역사 속에 잠들고 있는데
우리의 오늘이 파도처럼 밀려온 도시는
새로운 기운으로 출렁출렁
우뚝 솟은 빌딩들과 아파트 숲 사이로
번영의 깃발 펄펄 휘날리고 있다

하지만 바닷바람 불어올 때마다
풀잎 새에 남은 그때의 아픔들
지금 우리가 누리는 평화란
잠시일 수도 있다는 사실을
조심스레 일깨우고 있다.

밤 아홉 시

밤 아홉 시만 되면
어김없이 깊은 잠에 빠지는 사람이 있다
이후에는 아무리 그에게 연락 해봐도 소용없다
자신은 전생에 머슴 출신이라서
또 새벽 다섯 시면 이상 없이 눈을 뜬단다
이 시대를 누구보다도 부지런하게 사는 그 사람은
법과대학을 나와 사법시험에 합격하여
검사 생활을 거쳐 아직도 변호사로 일하는 법조인이다

나의 밤 아홉 시는
방황이 시작되는 안개 시간이다
낮부터 아무리 주무르고 만지작거려 봐도
단물이 나오지 않는 설익은 과일 같은
시 한 조각을 가지고 쩔쩔매다가
결국은 우왕좌왕 자정으로 넘어가는 고갯길이다
시를 공장의 기계 속에 넣어 고객의 주문대로
시원시원 뽑아낼 수 있으면 얼마나 좋을까
밤새 가까스로 끄적거려 놓은 시 한 편으로

뒤늦게 맞이하는 어수선한 아침은
내가 전생에 게으른 양반 출신이라서
의당 겪어야 할 고역의 산물만은 아닌 것 같다.

누구라 할 것 없네

오래전부터 매달 가져오는 동창생 모임
요즘 들어 부쩍 출석률이 저조해지는데
여든 살 고비를 넘은 세월 탓이랴
한 친구가 보다 못해 모임을 살려보겠노라고
자청하고 나서서 부지런히 연락을 취한 결과
지난달엔 꽤 많이 모여 의기양양해졌는데
이튿날 평소 건강에 별 탈이 없어 보이던 친구가
갑자기 뇌경색으로 병원에 입원하였다는 소식이
날아오네
생로병사 그 말이 틀림없다는 듯
늙어감과 죽음 사이의 병치레 구간에 갇히는 우리
언젠가 한 친구가 불쑥 내뱉은 말이 생각나네
우리 중에서 누가 먼저 가게 될지 아무도 몰라
늘 산에 다니며 웃고 지내던 친구들 서넛이
이젠 사진 속에서만 미소 짓고 있으니
정말 누구라 할 것 없네.

옛 사진을 보며

살다 보면 남는 것은 사진밖에 없다더니
거기엔 근 40년 동안 말없이
지나온 세월만큼 생소해진 옛 시간이
그때의 그 모습으로 멈춰 서 있네
다섯 동창생 내외가 찍은 사진
그중 두 명은 이미 저세상 사람이 되었구나
당시는 각자 직장에서 왕성하게 일하던 중년의
나이였고
앞줄에 앉은 부인들도 젊고 아름다운 여인의 모습
이어서
이제 나이 여든 줄에 들어선 세월이 무상하기만 한데
데리고 간 아이들이 그때의 우리가 되었으니
사진에 찍힐 수 없는 시간은
우리를 남몰래 세상 속에 태워
끝없이 수레바퀴를 굴리고 있네.

노을빛 진리

쟁반 위 자두 알처럼
벌판 위에 번지는 저녁 노을빛
바람결에 파도치는 밀밭 사이
한적한 독일 농가 오솔길을 걷는다
멀리서 들려오는 긴장된 고국 소식에 가슴 졸이며
나 혼자 이렇게 편안한 시간을 보내도 될까
자책감이 밀려드는데
이곳의 평화도 지난날 숱한 시련과 고통의 산물
이려니
저녁이 타들어 가는 이 시간
부디 전쟁이 없는
평화의 힘으로 이기는
노련한 세상의 꿈
노을빛 진리에 담을 수 없을까.

보릅스베데*의 추억여행

일부러 찾지 않고는 가기 힘든
북부 독일 한적한 늪지대 마을
음습함을 먹고 사는 푸른 이끼와 검버섯
당장 귀신이라도 나올듯한
암울함이 곳곳에 서린 허허벌판에
일찍이 세기말 화가들이 모여
문학과 예술의 멍석을 깔았네

프릿츠 마켄센, 하인리히 포겔러, 파울라 모더손 베커,
오토 모더손, 한스 암 엔데, 클라라 릴케-베스트호프, 릴케**
이름만 나열해도 벌써 그림이 되고 시가 되는
쟁쟁한 예술가들의 둥지 보릅스베데
끝없는 낮은 땅 항상 물기 촉촉한 대지에는
모두가 정령의 자락이런가
푸르름이 담장과 초가지붕, 돌과 나무 둥지에 서려
늘 샘솟듯 가슴에 고이네

먹고 마시고 일하고 산책하는
일상 모두가 갤러리이자 무대인 예술가의 고향
20년 전에 걷던 그 길 마음속으로 걸어도
발길에 닿는 대지의 느낌 그대로이고
지난날의 주인공들 다 가고 없어도
예술의 이름으로 모두 살아서
길목 길목을 지키고 있네.

* Worpswede: 독일 브레멘 근교의 예술인 마을
** Fritz Mackensen(1866~1953), Heinrich Vogeler(1872~1942), Paula Modersohn-Becker(오토 모더손의 부인), Otto Modersohn, Hans am Ende, Klara Rilke-Westhoff(릴케의 부인), Rilke

문단속

카페에 가면
신토불이 우리 차 대신
커피 일색이다

산과 들에 가면
물 건너온 황소개구리 때문에
정겨운 청개구리 바람처럼 사라지고
언제부턴가 낯선 외래종 식물들로
토종 우리 풀들이 설 자리를 잃고 있다

거리의 간판들을 보면
한자가 들어 있던 우리말의 손님 자리에
영어가 들어와 주인행세를 하고
갈수록 더 많은 서양말이 흘러들어
한글은 한낱 발음부호로 그치려나
차라리 영어로 쓰면 알 수 있는 뜻
아무리 봐도 무슨 말인지 모를 때가 많다

국제화란
지킴이와 헤살꾼이 마주하면서
더 좋은 세상을 만들어가는 것
허술한 문단속으로
모두가 가림 없이 뒤섞이면
나 없는 우리 사이엔 무엇이 있을까.

신문 스크랩

수많은 세상 소식 가슴에 안고
화단 속 꽃들처럼 활자판에 모여 있다가
주인님의 마음에 들어 이리로 잘려 나왔네
짬이 나면 찾아오리란 약속 하나 믿고
형들 아우들일랑 이리저리 뒹굴며
컴컴한 서가에서 기다리고 있는 동안
어느새 몸뚱이는 누렇게 변해 버렸네

어느 날 주인님의 해외 여행길에
동행하는 호사를 누리게 되면서
뒤늦은 소통의 즐거움 맛보고 난 다음
느닷없이 용도폐기의 낙인이 찍혀
이역만리 호텔 방 휴지통에 보내져
꼬부랑 머리칼 형제들과 어울리게 되었네

아, 새로운 리사이클 영광의 길로 향하면서
신나게 국제친선의 노래까지 불러대려니
우리 모두 한 몸이라서 반갑다는 건가?

앞길 가로수들도 덩달아 박수로 맞아주는데
나무로 태어나 종이로 살다가 다시 들어서는 환생 길
난 이제 어떤 모습으로 다시 태어날까?

고무 지우개

몸이 닳아 뾰족해진 코끝
그렇게 몸 바쳐 일해 왔다

철자법이 잘못 쓰였거나
사리에 어긋나는 말들
마음에 닿지 않는 글들은
망설임 없이 지우고
겉모습은 그럴듯해도
다른 사람의 마음을 아프게 했거나
왠지 시시해 부끄러이 여겨진 일들도
두루 살피며 부지런히 없애 주었다

허점투성이의 우리 인간에게
이처럼 고쳐 사는 기회가 주어진 것은
무결점 순생順生으로 태어나기보다
훨씬 더 큰 하늘의 은혜
고맙고 고마워라
삶의 거친 파도 잔잔하게 해주는
고무 지우개.

격리

코로나에 걸려 격리됐다
모든 만남이 끊어지면서
창밖으로 보이는 바깥도
나와는 상관이 없게 됐다

나만의 시간도 멈췄다
남들과 어우러질 때
살아 움직이던 그 시간
전화기가 아무리 좋다 한들
상대 없으면 무슨 소용

남들이 이런 처지에 있을 때
그러려니 했던 무심함도
사치품처럼 즐기려던 고독도
물에 빠진 잉크처럼
가슴에 후회로 번져오는데
아 이제야 겨우 보이려나
내 안에 갇혀 있던 내가.

3부 _ 인생 속에서

44. 하루
45. 걱정
46. 노욕
47. 여생
48. 타는 목마름
49. 날파리 목숨
50. 서울역 · 1
51. 서울역 · 2
52. 서울역 · 3
53. 서울역 · 4
54. 서울역 · 5
55. 서울역 · 6
56. 나리꽃
57. 유화를 그리며
58. 작은 바로크 음악회에서
59. 갈곡리
60. 부스러진 낙엽
61. 겨울비
62. 한낮의 정적
63. 빨래의 미학
64. 마음의 눈동자

하루

하루는 삶의 디딤돌
그 하루하루가 쌓여
세월이 되고 인생이 된다
해가 뜨고 지는 하루 안의 시간들이
달이 지고 뜨는 하루 밖의 계절들이
모두 개울가 징검다리를 스치는 잔물결처럼
반짝이며 덧없이 흘러가는데
지금 우리가 허송하는 하루가
어떤 사람에게는 황금 같은 생명의 시간
지루하다고 느끼는 그 순간 속에
우리 삶의 열쇠가 있네.

걱정

나날을 살아가면서 문젯거리 하나하나를
걱정으로 풀 수 있다면
걱정에 걱정을 거듭해도 좋으련만
걱정은 빈털터리 백수건달
오히려 평상심을 흔들어 만사를 그르칠 따름이네
걱정은 그러나 살아 있다는 증거
걱정 없는 세상은 죽음밖에 없으려니
걱정을 무조건 몰아낼 필요는 없으리
혹시 걱정의 씨앗인 죽음에서 욕심을 떼어버리면
죽음도 삶을 빛내주는 별빛이 되지 않을까
진정 너 자신을 사랑하고 아낀다면
설사 예기치 않는 절망의 순간이 닥친다 해도
텅 빈 가슴에
죽음의 금빛 운슬 고이게 하라
걱정은 삶의 길동무 되리

노욕

우리 한 번 책을 내 볼까
전직 교수 세 사람이 가벼운 마음으로 의견을 모았다
평소 각기 글쓰기를 충실히 해오던 터라
졸속은 아니더라도 이렇다 할 준비 없이 나온 이야기였다
거기에 이런 제안도 따라 붙는다
책을 스마트폰 크기로 만들어 보자
재래의 형식과 조건을 뛰어넘어
부담 없이 간편하고 유용하게
새 시대의 취향을 겨냥해 보자는 것

책을 읽는 사람의 편의를 고려해주자는 취지에는 동의하지만
현대라는 이름에 취해 섣불리
파격을 겉모습에서만 찾아 나서다간 낭패보기 십상
진정 읽기 쉬운 것은 생각이 명료하고 내용이 진실할 때 나타나는 것

우리의 이상세계가 때 묻지 않고 남아 있다면
읽는 사람이 스스로 다가오도록 기다리는
인내와 자존심은 지니고 있어야 하지 않을까

스마트폰이 모든 걸 지배하는 세상
잠시 세파에 휩쓸려 주목받아 보려 했던 마음
언제라도 희롱당할 수 있을 허깨비 꿈이
늙은 마음을 부끄럽게 했다.

여생

잠자다 뒤척거리고
깨어서 누워있는
시간이 늘어가는 밤

충전되지 못한 잠이
뒤늦은 졸음으로 몰려와
아침을 연신 흔들어대지만
이런 하루하루를 묶어
여생이라 하나

반듯한 새날을 위하여
허술한 사립문 헐고
철갑 대문 하나 지을까
꿈 꾸어보지만
한낮 저물 듯 지나가는
시간의 거품 앞에서
오늘이 여생의 귀한 첫날이라는
다짐만 새롭게 하네.

타는 목마름

작은 빗방울이라도
자꾸 모이면 내가 되고
출렁이는 냇물이 되어
메마른 대지에 생기를 안겨주련만
땅에서 올라오는 구름 한 점 없으니
하늘인들 어떻게 비를 내려줄까나
물이 철철 넘쳐나던 장마철
지겨운 물난리도 견뎌냈는데
이제는 메마른 대지에 떨어지는 빗방울 하나둘
천연두 앓은 살갗같이 애설픈 자국뿐
누에가 뽕잎을 갉아 먹듯
흙빛으로 사그라드는 물기
아 괴롭고 가슴 아파라
배고픔보다 더 쓰라린
타는 목마름.

날파리 목숨

컴퓨터 화면에 시를 쓰고 있는데
그 위에 알짱거리는 모기 한 마리
어설피 손바닥을 마주쳤는데
어릿한 녀석 금방 손에 잡히네
아닌 적엔 모기 채를 들고 덤벼들어도
요리조리 잘도 빠져나가더니만
무슨 시름에 한눈팔고 있다가
허무하게 목숨을 내버리고 마는가?
날파리 목숨이라고도 한다만
사람인들 다를쏘냐
아 알 수 없어라
생명체의 생사 갈림길
그때가 그때이네.

서울역 · 1

서울역은 말이 없다
하고 싶은 말이 많아서
너무나 엄청나게 많아서
오히려 침묵의 무게를
더욱 무겁게 쌓아 올리고 있는지 몰라
모든 만남과 헤어짐이 시작되고
모든 출발과 도착이 이루어지던
대합실은 텅 빈 채 바람만 불고 있다
경성京城 역이란 이름으로 출발한
근대화 역사의 소용돌이 속
광복의 기쁨 안고 환국하던 애국지사들의
수많은 환희와 설움의 물결 위에
세월은 이끼처럼 쌓이고
수많은 성급한 발자국들을 견뎌낸
역 건물 층계마다 숨이 막히는 듯
표정 잃고 멍하니 서 있는 서울역
웬일일까 검은 침묵은
철로가에 핀 쑥부쟁이 들꽃처럼

애써 참은 기쁨과 슬픔 서로 엇갈린 채
자꾸만 크게 쌓여가고 있다.

서울역 · 2

서울역 광장은
사람들이 파도처럼 물결치던
민중의 고향
숭례문과 한강철교로 이어지는
광장의 남과 북 허리춤에는
차량의 행렬 기찻길처럼 이어지고
가로에 부는 휑한 바람도
한 시대를 격하게 살다 간
옛사람의 소원들을
다시 한숨으로 되살려
경적을 울리게 하고 있다

광장에 바람이 그치지 않는 것은
어디론가 가기 위하여
바람처럼 달려온 사람들 때문이다
시간에 쫓기어 내달리는 사람들
떠날 시간을 기다리며 역전 카페에 둘러앉아
허술한 시간을 토막 내는 사람들

아니면 아예 갈 곳 없어 빈손으로 모인 사람들까지
서울역은 모두 차별 없이 군중으로 맞는다

그리고 모두가 광장의 바람이 되어
괜한 휘파람 소리를 내며 휘몰려다니다가
문득 주변 빌딩의 벽에 부딪혀
가슴을 쓰다듬으며 멈춰 서서
다시 떠날 시간을 기다린다.

서울역 · 3

서울역은 새로운 삶의 시발점
가녀린 꿈을 안고
새 길을 열어보고자 모여든 사람들의
기회의 땅
희망의 원천이자 화수분이었다
부나비가 유아등을 찾아가듯
반짝이던 네온사인 거리에는
순박하고 티 없이 맑은 앵두나무집 처녀들
한 가족의 생계를 책임져야 할 청년들
하루 벌어 하루 먹고 사는 지게 품팔이꾼에다가
모든 꿈 물거품이 되어 노숙자의 신세가 된 사람들
지금도 서울역은 지난 일들을 모두 기억하고 있을까
시대가 바뀌어 엘이디 조명 아래 지게꾼은 모두 사라지고
대신 시국 강연과 선교의 외침 소리 사방에 메아리치고 있지만
오늘날도 무료급식소에 노숙의 아픔은 남아서
아직도 부서진 꿈을 수리하지 못한

변방 사람들의 마지막 생존 터전
이곳에서의 기다림은 여전히 무게를 더해가고 있다.

서울역 · 4

설이나 추석 같은 명절 때가 되면
귀성객들로 늘 법석이던 서울역
눈 내린 들판이나
코스모스 피는 고향길 따라
금의환향의 모습으로 피붙이 가족을 찾아가던
옛사람들은 다 어디로 갔나?
구름 같은 꿈을 안고 나선 서울살이
객지 생활은 생각처럼 호락호락하지 않아
남몰래 흘리던 눈물은 그 얼마이든가
너른 층층 계단을 내려다보면
고향 치닫던 마음 들뜬 사람들 우르르 모여들어
아수라장을 이루다 대형참사로 이어졌던
지난날의 가슴 아픈 이야기가
그때의 비명으로 되살아나서
가슴을 칼날처럼 에인다.

서울역 · 5

모든 길은 서울로 통한다던
모로 가도 서울만 가면 된다던
절대 만능의 도시 서울
일제가 대륙진출의 교두보로 삼아
식민지 이 땅에 시혜하듯 부설한 철도망
고전주의 르네상스 건축예술의 아름다움을 뽐내던
먼 나라 스위스의 루체른 역사驛舍를 본떠 세웠다
는 역 건물은
서울의 명물이란 자랑스러운 시절을 지내고
이제는 칙칙한 먼지 속에 휩싸여 초라한 모습이다
그 옆에는 실용적인 현대식 새 역사가 들어서고
용산과 영등포역이 차츰 할 일을 늘려가고
수서와 광명역이 새로운 일을 맡아 역할이 커지니
이제는 박물관 문화시설로 바뀌어 명맥을 이어가고
이 나라 서양식당의 효시로 이승만 대통령이 애용
했다던
서울역 그릴도 없어진 지 오래다
주변을 오가는 차량의 고가도로도 폐쇄되어

그 자리에 '서울로 7017'이란 공중산책로가 생기니
서울역은 이제 더욱 발밑에 내려앉은 모습으로
그림책 속의 아련한 추억이 되어가고 있다.

서울역 · 6

한반도의 심장 서울을 중심으로
삼천리 반도 강산 곳곳으로
부챗살처럼 펼쳐진 철도교통망
이제는 KTX가 부설되어 남한 전역이
초고속화 일일생활권이 되어 번영을 누리지만
국토의 허리는 부러져
남북을 이어주던 경의선과 경원선은
'철마는 달리고 싶다'는 외마디 소리 남기고
멈춰 선 지 칠십 년 너머
서울역은 그 뒤로 줄곧 말을 잃었다
아쉬운 마음 달래며
부디 끊어진 철로가 다시 연결되어
남북은 물론 블라디보슈톡을 거쳐
시베리아 횡단 열차로 유럽의 땅끝마을까지
힘차게 달릴 그 날을 꿈꾸고는 있지만
언제나 이루어지려나
우리의 소원 통일이여.

나리꽃

해 그림자 늘고 주는
하지 지난 한여름 공원에는
나리꽃 잔치가 한창
에디슨이 발명한 라디오 스피커같이
꽃잎 도르르 말아 올리고
저마다 고결한 아름다움
바람결에 뽐내 보려나

아니야 아니네
모두 고개를 숙이고 있는 건
수줍어 내놓지 못한
사랑의 소망
못다 이룬 그리움까지
그윽한 향기에 감추고
꽃술 찾아오는 벌 나비들에게
높새바람에 쓸려간 임 소식
넌지시 듣고자 하는 것이야.

유화를 그리며

인생의 흐름은 시냇물 같아서
한번 발목을 적신 물길은 되돌이킬 수 없다지
우리 마음속 예술의 길도 그와 한 가닥
동양의 사군자나 묵화는 그야말로 일필휘지
한번 품은 마음의 붓질 여울물처럼 흘러가노니
시도 그런 절대 순간의 열매이어야 한다는 믿음으로
애오라지 한 가닥 영혼을 노래 부르네

하지만 서양의 유화는 물길이 달라
한번 잘못된 것도 언제든 고치고 바꿔나갈 수 있다
삶이란 모두가 하나의 과정이라서
죽음이라는 최종심판대에 이르기까지는 늘 새로운 시작
중요한 것은 끊임없는 내공으로 쌓아 올리는
최선의 마무리, 곧 예술의 금자탑이라
그런 인생을 살아내는 것 또한 뜻깊지 않으랴.

작은 바로크 음악회에서

약현 성당 호젓한 자드락 길에
자리 편 하늘나라 음악홀
세미한 천상의 소리 다 들을 수 있으려나
하프시코드가 주도하는 바로크 앙상블이
바이올린 비올라 첼로 비올로네를 동반하고
중세기 그때 그 모습으로 왔네

바흐와 텔레만*이 사공 되어 노 저어온
맑고 잔잔한 영혼의 나룻배
하늘나라 미리내길 낯선 항구에 와
잠시 머뭇대는가 하더니
사랑의 음표는 모두 한마음이런가
하늘의 메시지 편안히 닻을 내리네.

* J.S. Bach(1685~1750), G.P. Telemann(1681~1767):
  바로크의 대표음악가.

갈곡리

문산에서 해 뜨는 쪽
의정부에서 바람 부는 쪽
어느 쪽에서나 그리 멀지 않은
예부터 칡이 많아
칡출이라 불린 마을

그 옆 양지바른 우골*은
우묵하게 내려앉은 골짜기
옹기를 만드는 점토가 유독 많았기에
새 터전을 찾던 사람들에게
어머니의 품이 되었다

산이 사방으로 병풍을 두른
오붓하고 아늑한 평화마을은
인근 각처 박해를 피해 모여든
도타운 사랑의 신앙 둥지**
한가운데 순교자의 피로 세운
갈곡리 성당에선

날마다 종소리 대신
새벽닭의 울음소리가
은혜의 순간을 알리고 있다.

* '우고리'라고도 함.
** 김근배, 김연배, 박만보 베드로 가족 교우들

부스러진 낙엽

아름다운 추억을 남겨두겠다고
책갈피에 끼워둔 낙엽 한 잎
오랜 세월이 흘러
물기를 다 잃고 말라버린 채
가루로 부스러져 있네

차라리 바람을 손아귀에 쥘까
붙잡을 수 없는 걸 붙잡아
시간의 울타리에 가두려 했던
어리석은 마음이 딱하고 허무하네

마침 책갈피 바닥은
「천 개의 바람이 되어」라는 노래의
멜로디와 노랫말이 사는 곳
찬찬히 휘돌아보니
언젠가 먼지로 사라질지라도
다시 흙이 되어 새 생명을 잉태하는
동그란 삶이 미소를 짓고 있네.

겨울비

겨울비가 내린다
제철의 손님이 아니어선지
눈이 되지 못한
아쉬움의 눈물이어선지
스스로 멋쩍어하는
나그네 행색이다

겨울비는 하늘을 붙잡고
노루 꼬리만큼 반짝이던 햇빛마저
기우는 시간 뒤로 흘려보내고
암흑과 허무라는 물주머니로
자꾸만 제 몸을 적신다

겨울비가 데리고 오는 어둠은
그러나 은밀한 창조의 텃밭
한 올 한 올 쌓이는
기다림과 견딤의 씨앗 속에선
새벽이 조금씩 눈을 뜬다.

한낮의 정적

모든 것이 멈춰 섰다
오가는 사람 하나 없다
시동 꺼진 자동차들의 침묵
집들과 가로수들도
긴 그림자를 내려놓고 있다

세상이 정적에 묻히면
햇살은 연무 속에 숨고
형체 없는 빛무리만 떠다니는데
바람은 어디선지 나타났다가
색깔 없는 색깔을 몰고
이내 사라진다

남아 있는 건
텅 빈 세상에 가득한
소리 없는 소리
바람 같은 생명.

빨래의 미학

대륙의 끄트막 리스본항의
아파트 베란다 빨랫줄에 주렁주렁 매달린 빨래
애써 꾸민 화단보다 몇 배나 아름답다
때로는 가림 없이 축 처진 모습들이
안쓰럽기도 하지만
뜨거운 햇살에 몸을 맡기고
대서양의 바람결에 춤추는 빨래는
누구의 연출도 아닌 있는 그대로의 세상
눌린 숨길 뭉친 가슴 풀어헤치는
자유도시 리스본의 해방 깃발
아니 그보다 더
열린 마음 따라 휘날리는 노스탤지어
칸딘스키*의 환상 속에 사는
구도 없는 구도
삶을 추상抽象하는 예술의 꽃이라.

* Vasily Kandinsky(1866~1944): 러시아 태생의 프랑스 추상화 작가.

마음의 눈동자

삿된 일 넘고 넘어
험한 시간의 마디마디에
세운 뜻
샛별로 간직한
마음의 창

하늘 은총의 빛살 받아
그리움에 반짝이는
맑고 선한 눈길
조리개 가다듬어
표류하던 인생길
바로 보게 한다

진리를 향한 목마름으로
흔연히 일어나
토기장이가 진흙을 밟음같이
정성스레 내딛는 발자국
영혼의 여울에 담긴

마음의 눈동자
빛을 발하네.

4부 _ 여행 속에서

65. 브뤼헤* 성당의 종탑 아래
66. 평화의 광나루
67. 바젤의 전차
68. 물 위로 흐르는 노을
69. 리보르노*에서
70. 유쾌한 해적
71. 소나기 내린 날 - 루드비히스부르크
72. 성 마르코 광장
73. 리스본
74. 튀빙겐의 슈토커칸* 나룻길
75. 루터 광장 - 아이제나흐에서
76. 추억의 돌멩이들
77. 리스본의 돌
78. 쾰른 대성당
79. 광장의 풍각쟁이
80. 슈파이어*에서
81. 한겨울의 개나리
82. 베르톨트 브레히트*의 생가
83. 뮌스터*에서
84. 파싸우* 송頌
85. 아이제나흐*

브뤼헤* 성당의 종탑 아래

온 세상이 물천지
하늘도 물에 잠기어
운하로 통한다

유유히 흐르는 물결 위에
되비치는 초라한 나의 모습
피붙이 가족을 멀리 떠나보내야 하는
무거운 이별의 장소에서
다가올 안갯속 시간들을 뒤적이면서
눈물 없는 울음을 운다

삼백예순여섯 계단의 끝자락에
마흔일곱 종을 매단
성당의 종탑이 울 때
감아 드는 숫자의 마력을
원시종교의 주문처럼 외워가며
그래도 나는 놓을 수 없는
희망의 끈을 바싹 조여본다.

* Brugge: 북유럽의 베네치아라 불리는 벨기에의 중세도시.

평화의 광나루

해 뜨는 방향으로
산비탈 오솔길을 오르면
바둑알처럼 늘어선 마을
검은숲*의 전설이
수채화 물감처럼 번진
환상의 게르마니아

해지는 방향으로
노을빛 들길을 내려가면
나라와 나라 사이에
낮별처럼 숨어 반짝이는
동그란 삶의 둥지
낭만의 알자스-로렌

여기는
영세중립국 스위스의
국경도시 바젤
세 나라로 만나서

하나 되어 헤어지는
라인강의 무릎
평화의 광나루.

* 슈바르츠발트 Schwarzwald

바젤의 전차

천년 역사 사연 많은 길목을
끊임없이 누비는 바젤의 전차
시청 광장에 들어서면
사랑방을 찾는
남산골샌님의 헛기침처럼
으레 한두 번씩 경적을 울린다

대체 누가 그 몸에
순한 풀빛 옷을 입혔을까
장밋빛 시청사 앞에선
빨간 도화지 위에 그려지는
초록 줄 그림자처럼
서로 주고받는 미소 아름답다

쪼개고 쪼개어 더 나눌 수 없는
세월의 도랑에는
잠시 접어둔 책갈피 마냥
돌아누운 옛날들이

눈 비비고 일어나
댕댕댕 아련한 종소리 울린다.

물 위로 흐르는 노을

하늘에 걸려 있는
살베이터 성당*의 종각에서
무거운 오후가 깨어진다

뜨거운 햇살이
도시의 물길로 내려와
낯선 세상의 숱한 낱말들로
외로움의 성을 쌓으면
지나가는 사람들의 발걸음마저
고생대 공룡화석처럼
가슴에 품어 안고 흐른다

물길 속에 되살아나는 도시
조각난 적막
그 끄트머리에서 들려오는
삶의 소리
오랜 꿈속의 시간들이 깨어난다.

* '북유럽의 베네치아'라고 불리는 벨기에의 중세도시
  브뤼헤 광장에 자리한 고딕 성당(12~16세기)

리보르노*에서

불타는 태양 머리에 이고
하늘로 올라간 바다
아무 말 없이
뭉게구름만 품은 채
사람과 사람 사이로
향수되어 내려온다

샤갈의 진청색 물감이랴
지중해에 발목 담그며
눈 감고 두 손 모으면
땅에 살며 하늘을 빚은
미켈란젤로의 영혼이
그 모습 그 빛깔로 나타나
세상을 연다.

* Livorno: 이탈리아 중부 토스카나 지방의 주도. 작은 어촌. 미켈란젤로의 고향. 셸리와 바이런이 머문 곳.

유쾌한 해적

습격, 약탈, 공포의 이름으로
목숨도 아랑곳하지 않던
악명의 카리브 해안 도적 떼
인근 섬마을에 문명의 불빛 들어오면서
할 일을 잃었으려니

후회를 버무려 넣은 듯
진토색 얼굴에 쓸어 담은 멋쩍은 미소
후둘 대는 셔츠와 바지에 장화를 신고
이제 상점 앞에서 손님을 끌어들이는
유쾌한 해적이 되었네

피 묻힌 손을 씻고 돌아온 피에로
상술의 잔꾀가 가소롭기는 하지만
세상을 암흑천지로 만들던
지난날들을 대낮처럼 지워버린
유쾌한 해적을 보고 또 보니
얼굴 속에 원래의 사람이 있었네.

소나기 내린 날
- 루드비히스부르크

서양 여우가 시집가는 날이었나
반짝 소나기 내린 도시의 광장은
뒤따라온 번개 햇살로
온통 만화경 속 색깔 놀이다

잠시 처마 밑으로 피했던 사람들도
다시 쏟아져 나와
두리번두리번 반짝이는 눈빛이고
잘 겨누기도 어렵지만
명중시키긴 더 어렵다는
사냥꾼의 구호가 담긴
화장실 타일 벽 위 그림을 보고
웃음 짓던 사람들도 다 나왔다

광장 한복판 분수대 위에는
도시의 돌 마스코트 수탉 한 마리가
홰치듯 진저리치더니

묵은 소원 모두 모아 하늘에 전했나
성당의 제단 위에는
진즉부터 환한 빛살이 쌓이고 있었다.

성 마르코 광장

고딕 대리석 기둥 위에 봉헌된
동방의 둥근 돔 지붕
반짝이는 금빛 모자이크
베네치아의 하늘 아래
빛나는 세기의 영광이여
성 마가의 유체를 모시어
꺼지지 않을 순교 정신 빛을 발하랴만
조금씩 바닷물에 잠기는 슬픔의 광장엔
저녁노을 짙게 번진다

정령들이 거닐던 저 푸른 바다엔
옛 상선들의 물길 끊기고
알렉산드리아와 콘스탄티노플
빛나던 제국의 시간도
허공에 몸부림치다가
묵은 울음을 우는데

해가 기울면

비둘기 떼 제집 찾아들고
사람들도 남은 그리움 모두 내려놓아
텅 빈 광장
바다는 다시 거친 파도 드높이고
덧없이 스치는 바람결 따라
이 세상에 영원한 주인은 없다는
깨우침을 가슴에 새기려나
모두 몰려오는 구름을 향해 눈길 던진다.

* 콘스탄티노플 사도교회를 모델로 한 십자가 형태에 중앙과 좌우 네 개의 둥근 천장을 올렸다. 성 마가의 순교 기념 외에 왕정 예배당으로도 쓰였다.

리스본

쨍한 남국의 태양 아래
야윈 손 내미는 쪽빛 바다
해안에는 새하얀 마음의 사람들
검은 눈살 찌푸린 채
먼 하늘을 바라보고 있다

그늘 빛에 잠겨 드는
이베리아의 황금 햇살
찬란했던 도시의 뒤안길
창가 지붕들 너머
먼지 뽀얀 가난의 틈새로
젖은 빨래들 깃발처럼 펄럭인다

지중해와 손잡은 대서양의 파도는
빛 발한 역사 앞에 함성 지르며
체념의 쓴잔 재촉하는데
짐짓 아무것도 모르는 양
리스본은 졸고만 있다.

튀빙겐의 슈토커칸* 나룻길

플라타너스 울창한 숲길
튀빙겐의 넥카어 강변으로 가볼까나
슈토커칸 사공이 노 젖는 나룻배 타고
고향의 벗 횔덜린, 울란트, 헤세를 만나
고운 노래 불러 볼까나
거친 삶에 지친 사람들
외로운 세상의 나그네 되어
지성과 역사의 이름으로
낭만과 평화의 이름으로
비단결 지혜의 물결 다듬어 볼까나

튀빙겐의 슈토커칸 나룻길은
사랑하는 사람들이 모여
진정 사랑이 사는
시간 없는 옛날로 돌아가
서로를 비춰보며
영원을 노래하는 길.

* Stockerkahn: 튀빙겐 네카어 강변의 나룻배. 매년 여름 배를 타고 문학과 음악축제를 연다.

루터 광장
― 아이제나흐에서

광장에 고인
역사의 함성이
바닷물처럼 출렁이고
어드메서인가
휑한 바람 불어와
아득히 종소리를 울린다

뒤돌아서면
줄지은 옛집들이 손 흔들며
중세기의 한순간을 일으켜 세워
힘차게 불어대는
묵은 종교개혁의 팡파레

한낮이라도
마음이 잠들어 있으면
비루먹은 이맛살처럼
시들어갈 영혼
그래서 바람 속에는

멈추지 않는
종지기의 손길이 있다.

추억의 돌멩이들

세상 곳곳 여정의 발길 닿는 곳마다
기념으로 모으기 시작한 조그만 돌멩이들
야금야금 쌓이다 보니 배낭 속 돌무지 되어
그냥 버리고 말까 고민도 많이 했었다

구름처럼 떠돌던 지난날의 길동무들
지금은 모두 서울집 내 창가에 둘러앉아
어느 것들은 가을 하늘처럼 옛 추억을 환히
비춰주지만
어느 것들은 아예 망각 속에 빠져들어
그 어딘가 안갯길을 여전히 헤매고 있다

바람 같은 지난날의 한순간을 쓰다듬어주던
흐릿한 기억과 비릿한 손길
이제는 모두 보름달 빛 그리메 되어
세상의 먼지 속을 덧없이 살다 갈
나의 나그네 인생길을 밝혀주고 있다.

리스본의 돌

리스본 시가의 꿰진 포도鋪道에서
미아처럼 뒹굴다가
나그네 앞에 굴러든
뽀얀 우윳빛 돌조각 하나

한낱 작은 돌멩이지만
지구 한구석 대서양의 정기 품은
꿋꿋한 세상 지킴이
이제는 도시 전체를 등에 지고서
이역 땅 서울의 내 방안에서
두고 온 고향을 파수하고 있다

비록 이 세상 목숨은 없어도
영원을 사는 침묵의 반려자
고즈넉한 산성길과 넘실대는 바다 향기
그리워 몸부림칠 때면
시나브로 시나브로

굳은 가슴에서 파두* 한 가락 뽑아내
바람결에 날려 보내네.

* Fado: 서민의 애환을 담아 노래한 포르투갈 리스본의 전통가요.

쾰른 대성당

157m의 거대한 돌덩이들
저리 높이 쌓아 올린 건
줄곧 하늘로 오르려는
인간의 지극한 소원 때문이었으려니
신성의 소망과 영생의 욕망이
삶의 이끼 속
죽음의 두려움도 이겨내면서
기세 높이 절대의 날개 펼치었어도
실은 땅이 닿을 수 없는
하늘의 손길을
깨닫게 하기 위함이 아니랴.

광장의 풍각쟁이

성당이 지켜보는 쾰른역 광장은 거리 악사들의 천국
참 말쑥하게 생긴 젊은 여인이 기타를 연주하고
있는가 하면
테너로 목청을 뽑아대는 핸섬 청년에
나귀를 동원하여 동물 쇼를 벌이는 노인
그밖에 온갖 묘기를 보여주는 사람들로 가득한데
앞에는 예외 없이 동전 푼을 받는 모자가 놓여 있다
왜 꼭 모자이어야만 할까 실없는 의문도 품어보지만
일단 돈 받는 것이 주목적이 아니란 뜻으로 이해
해 볼까
어쨌거나 그중에서 가장 내 마음을 사로잡은 사람은
아프리카에서 온 키 작은 남자였다
그는 피리를 불며 발바닥 뒤축에 작은 탬버린까지
달고
장단 맞춰 춤을 추며 1인 3역의 연주 솜씨를 뽐내고
있었다
항상 붐비는 길목이어서 소리가 뻗어 나갈 틈이
없어 보이지만

그는 용케도 덩치 큰 소음들을 피해가며
은은한 피리 소리를 거침없이 광장으로 날려 보내고
있었다
한낱 거리의 풍각쟁이에 지나지 않을지 몰라도
그는 온몸에 찡한 전율을 일으키는 알 수 없는
마력으로
뭇사람의 가슴을 촉촉이 적셔주고 있었다
나는 마법에 걸린 듯 곧장 악기상으로 달려가 리코더
하나를 샀다
광장을 지배하던 그 청아한 멜로디를 나도 뽑아
내고 싶어서였다
그런데 그 후 어느 날
이웃 도시의 광장에서 똑같은 모습의 그를 보았다
갑자기 어린 시절 마을을 순회하던 약장수가 생각
나서였을까
나의 환상은 거기서 멈추고 말았다
리코더는 내 서재의 붓두껍에 꽂힌 채 그대로 있다.

슈파이어*에서

라인강 서녘에 자리한 황제의 도시
웬 공룡 한 마리가 앞을 가로 막는다
도시의 관문치고 너무나 거창해선데
처음 세워진 것은 1176년
여러 차례 손을 보아 1708년에서야 완성되었다
높이가 55m나 되는 골리앗 성문은
워낙 튼튼히 지은 탓에 웬만한 외침에도 끄떡
없었다
안으로는 웅장한 돔을 위시하여
길목마다 지난날의 찬란함이 빛을 발하고 있어
그게 왜 필요했는지 비로소 깨닫게 한다
하지만 도시의 접힌 공간 주름진 시간 속에는
소박한 사람들의 정이 넘쳐나고
미로처럼 이어진 골목길에는
애틋한 전설들이 모락모락 연기를 피우고 있다
더욱이 산티아고 순례길이 시작되는 곳이라선지
에움길 따라 돋아나는 신기루 불빛 영롱하다
광장을 지키며 서 있는 우체국 건물은

쌓이고 쌓인 세월 이야기 모두 알고 있는 듯 해선가 누구나 으레 그 앞에서 한참을 머뭇거리게 한다.

* Speyer 독일 남서부 라인란트팔츠주에 있는 도시

한겨울의 개나리

찬바람이 양 볼에 알싸한 한겨울
독일 보름스*의 어느 길모퉁이에
노란 개나리꽃이 활짝 피어 있다
꽃샘추위도 아닌 동지섣달 칼바람에
도대체 이럴 수가 있담
보고 또 봐도 틀림없는 생화다

계절을 비웃는 듯한 모습이 고까워
이색변종의 망발을 탓해 보지만
이 개나리가 무슨 죄람
책임이 있다면 자기 편하게 살려고
환경을 마구 흩뜨린
욕심꾸러기 인간이려니

한겨울의 이 노란 꽃은
하늘이 인간에게 내린
옐로카드 아니런가.

* Worms: 독일 남서부 라인란트팔츠주 동부 라인강 왼쪽
연안 도시

베르톨트 브레히트*의 생가

독일 동남부 아우구스부르크*
로마 시대부터 터를 잡기 시작하여
중세기에 이미 세계적인 도시로 발돋움하고
알프스 고개 너머 밀라노와 베네치아까지
금융계의 거부 푸거 가**의 명성이 기세를 올리며
무역의 손길 펼쳤던 통 큰 도시
훗날 도시의 뒷골목 한적한 곳에서는
작가 베르톨트 브레히트***가 세상에 불을 밝혔다
조촐한 집 앞에는 내가 흐르고
소박한 장식들이 알뜰한 삶을 보여주는데
좁다란 방안 창가 구석구석에는
시인이 평상시에 노래한
약한 자에 대한 사랑과 거짓 모르는 평화가
아무런 꾸밈없이 나란히 놓여 있다
"백성은 곧 물이다
고로 물은 배를 능히 띄우기도 하고 뒤엎기도 한다"는
중국 순자荀子의 말을 거울삼아 정의를 가늠하고
발전이란 이름 아래 언제나 편 갈라 싸우는

비정한 세상을 향하여
"저기 적이 있다고 외치는 놈이 적이다"라고 일갈하며
내 편 네 편 없는 원초의 세계를 알리고자
경세의 종소리 힘차게 울리곤 했다
덕분에 그가 열어 준 이 창문들을 통해
우리는 더 너른 세상을 한눈에 보게 되었다.

*   Augusburg: 독일 바이에른주 남부의 도시. 인구 30만 4천 명
** Fugger: 중세 말기 유럽의 최고 부자 가문
*** Bertolt Brecht(1898~1956): 독일의 극작가, 연극연출가, 시인

뮌스터*에서

예부터 진기한 물건들이 많아서
호기심 많은 골동품의 고장
네덜란드를 오가던 이곳 보따리 상인들이
꿀벌 떼처럼 문화의 꽃가루를 옮겨주어
일찍부터 평화의 꽃이 피게 했다
30년 전쟁이 끝나는 1648년
베스트팔렌 평화조약을 체결한 도시는
높은 권세보다 낮은 섬김의 자리를 좋아하여
화려한 바로크 영주의 성은
오늘날 후진을 양성하는 대학에 물려주고
역 주차장에는 항상 자동차보다 자전거가 더 많아서
누리에 번지는 낮고 겸손한 전원도시의 명성
바닷가 낮은 땅을 원망하지 않고
가슴에 심어 온 넓고 넓은 저지대 평지문화
사람들의 마음 느긋하게 해주는
멈춤 없는 초록빛 웃음 가득한 도시여.

* Münster: 독일 서부 노르트라인베스트팔렌주의 도시.

파사우* 송頌

두 번의 천년세월 훨씬 이전에
켈트족과 로마 족과 바이에른 족이
도나우와 인과 일츠 강이 합류하는
이곳에 삶의 둥지 틀었다
자연이든 사람이든 한데 모여
하나 되기를 좋아하는 이곳
알렉산더 폰 훔볼트*는 망설임 없이
세계 7대 아름다운 도시로 손꼽았다

13세기에 이곳 대주교가
중세기의 걸출한 서사시를 집필하여
'니벨룽의 도시'라는 별명을 얻은
도나우강 너머 교회당
주로 성직자들이 오가던 거리에는
울긋불긋 여행객의 물결도 끊이지 않아
성聖과 속俗이 조화를 이루며
하나로 살아 숨 쉬는 곳

유럽에서 가장 큰 오르간이
늦은 비 내려주는 구름처럼
은혜의 깊은 소리 울려주는
한번 와 보면 결코 잊을 수 없는
강마을 동산 파사우.

* Passau: 독일 남부 도나우 강변의 도시
* Alexander von Humboldt(1769-1859): 독일(프로이센)의 생태과학자

아이제나흐*

명문 음악 가족 바흐**의 둥지 마을
이름 그대로 시냇물로 흐르다가
세월 넘고 시대 건너 알뜰히 고인
바로크의 문화 샘터 되었으려니

역시 이곳에 똬리를 틀고
종교개혁의 우렁찬 목소리 외치던
마르틴 루터의 정신도 누리에 서린
은혜와 감사와 믿음의 도시

니콜라우스교회와 슈타트슐로쓰
시청 주변의 목골 가옥들은
오롯이 살아 있는 역사의 마중물
시냇물 따라 흐르던 물결
의로운 승리의 바다 되리.

* Eisenach: 독일 튀링겐주의 도시. 바흐의 출생지.
* Bach: 고유명사 성씨이지만 일반명사로는 '시냇물'의 뜻.

5부 _ 신앙 속에서

86. 엑시테 알리*
87. 교회 울밑의 장미
88. 마르틴 루터
89. 한 번쯤은 꼭 보고 싶어요
90. '사마람'* 사람들
91. 바람 속 거울
92. 어떤 강연
93. 자꾸 뒤를 돌아보지 말자
94. 참빛
95. 상가 골목길의 평화
96. 성탄절 전후
97. 사전
98. 하얀 목련
99. 어울리는 모자
100. 벽시계
101. 이단

엑시테 알리*

면죄부가 삶의 디딤돌이던
개혁 전야 어둠의 중세기에도
교회 가는 길보다
교회 갔다 오는 길에 저지른 잘못은
더 엄중하게 다스려졌지요

갈 때 올 때 몸은 다를 바 없지만
교회 문턱을 넘어 나오면
다른 사람이 되어있어야 한다는 것

열심히 회개하고 용서받는 것도 중요하지만
새로운 각오로 고쳐 사는 것 더욱 중요하니
그 후엔 세상에서 해야 할 일 더 많아지고
죄의 짐도 훨씬 무거워지려니
그래서 교회는 우리의 십자가
바른길 가는 등댓불이지요.

* Exite Alii: 다른 사람이 되어 나가라

교회 울밑의 장미

예배당 붉은 벽돌집
울밑 그늘에 피어오른
장미 세 송이
날마다 하늘의 음성
찬양의 오르간 소리 들으며
성소의 은혜를 입은 탓이려나
성부 성자 성령 삼위일체
경건하고 단아한 꽃을 피웠네

장미를 너무나도 사랑한 나머지
가시에 찔려 죽어서도
영원히 잠든 자리 뒤 켠에 함초롬히
장미꽃 피어나게 한
시인 릴케의 마음처럼
새빨간 꽃잎에 지핀 사랑
하늘의 뜻이어라.

마르틴 루터

맑은 영혼과 굳건한 숨결로
가시밭길 걸어온 개혁자
올바른 세상 세우려
그릇된 거센 파도 거슬러온
강한 성의 옹벽
그는 외로이 순간을 지켰어라

바르트부르크성 적막의 벽에 갇혀서도
만인이 평등하게 간직할
성서 번역으로 하늘을 섬기며
끝내 세상에 평화를 안겨준
믿음의 철통 방패
그는 의로이 영원을 살았어라.

한 번쯤은 꼭 보고 싶어요

하나님의 공의가 하수처럼 흐르는
하늘 아래 이 땅 위에서
심술 고약한 놈 뻐젓이 잘 살고
마음 착한 사람 오히려 설움 당하는 것
자주 보이는 것 같아서 가슴 아파요
하나님에게는 우리가 깨닫지 못하는
깊은 세계가 있다는 걸 알고 있기에
주저 없이 아멘 아멘 하여 왔지만요
하나님, 그러나 어린 속마음으로는
한 번쯤은 꼭 보고 싶어요
서부영화의 마지막 장면처럼
악한 놈 선 앞에서 혼쭐나는 모습을.

'사마람'* 사람들

남을 도울 처지가 아닌 사람들이
남을 돕는다고 나서니
아니, 누가 누구를 돕는다고?
뜬금없는 반문이 인다

쥐꼬리 연금과 수당으로
근근이 살아가는 사람들
무엇이 있어서가 아니라
오히려 아무것도 없어서
이웃의 어려움이 먼저 보이나 보다

대부분 암 수술 뇌중풍 등
온갖 위험에 노출된 사람들
몸이 건강해서가 아니라
오히려 아픈 데가 많아서
이웃의 아픔이 먼저 보이나 보다

이 세상 벼랑 끝 사람들을 찾는

'사마람' 사람들
그 발길 바쁘고
그 손길 뜨겁다.

*'선한 사마리아 사람들'의 약칭. 은퇴 성직자들의 모임.

바람 속 거울

옹고집 제 생각에 파묻혀
다른 건 보지도 듣지도 않는
청맹과니 독선자의 닫힌 가슴
어떻게 열 수 있을까

세상 만물은
저마다 따로 있는 것 같아도
하늘 거푸집 아래
서로를 비추고 사는 거울

대기 속 바람이
사랑방 종지 물에 파문을 일으키듯
파란 하늘 담고 있는
옹달샘 한 움큼으로
먹구름 속 내 마음 먼저 닦아내면
바람이 거울 되어
녹슨 무쇠 가슴이라도 활짝 열리리라.

어떤 강연

나의 인생 이야기를 듣고 싶다는
간곡한 요청을 뿌리치지 못해 강단에 섰다
긴 망설임 끝에 꺼낸 말들은 거의 다
내가 이루어놓은 것이 아니라
하고 싶었지만 하지 못한 일들
했어도 잘못된 일들이었다

좋은 말씀 감사합니다
은혜 많이 받았습니다
고지 들리지 않는 인사말이 당황스러웠지만
이곳저곳 허점 많은 내 인생
지워버리고 싶은 지난날들이
외려 애젖한 징소리 되었나 보다.

자꾸 뒤를 돌아보지 말자

지난날의 잘못을 두고
한번 회개하고 용서받았으면 그만
아무리 양심이 곱다 한들
자꾸만 되풀이하여 자신을 나무라는 건
오히려 회개를 제대로 하지 않았다는 증거라

자꾸 뒤를 돌아보지 말자
앞으로 할 일 태산 같은데
마냥 제자리만 걷고 있다면
그보다 더 무책임한 일이 어디 있으랴

사람에게 빈틈이 있게 한 것은
늘 겸손한 마음으로 스스로 깨우치며
더욱 열심히 살아가라는
하늘의 뜻이려니.

참빛

캄캄한 어둠 속에서
뜬눈으로 지새우는 밤
불을 밝혀보지만
마음의 그늘 사라지지 않고
바람 앞의 촛불처럼
깜빡거릴 뿐

모두가 잠든 이 시간
듣는 귀 쟁반 같은 누군가를 깨워
내 안의 무거움 모두 다 털어놓으면
마음의 짐 솜털 될까?
어두움이 한낮 될까?

불을 밝히기보다
빛을 찾아야겠다
거친 바람에도 흔들리지 않을
진정 어둠을 거둬낼 수 있는
참빛을 찾아야겠다.

상가 골목길의 평화

어두침침한 지하 연쇄 상가 골목길
나란히 모여 있는 가게들은
모두 한가로움 속에
기지개를 켜고 있다
언뜻 보기엔 평화로워도 마음은 제각각
오가는 사람도 선뜻 들어서는 사람도 없다
모두가 고독의 너울을 쓰고
치열한 이해타산과 암중모색
보이지 않는 싸늘한 경쟁의 눈길만이
무거운 침묵의 강물 되어 흐른다
골목길의 평화는
깊은 시름 속 미소
아슬아슬 폭발 직전의 산소 풍선
길가의 화분 속 조화들도
가슴 졸이며 바라보고 있다.

성탄절 전후

밀물이 지나간 뒤 썰물이다
캐럴로 흥청대던 거리는 조용해지고
구세주의 탄생을 기다린다면서
저마다의 즐거움에 취해 있던 사람들
문 닫힌 백화점처럼 마음도 걸어 잠갔다
세상은 바람 빠진 풍선이다

썰물이 지나간 뒤 밀물이다
거친 파도 가라앉자 되돌아온 평화
물때에 맞춰 사는 갯마을 사람들처럼
만사가 제자리를 잡아가는 일상 앞에서
이제야말로 그리스도의 나심을 기릴 수 있으리
세상은 알찬 기다림의 시간이다.

사전

책이라 하기는 그렇고
책보다 더 긴요한 쓰임새
책을 올바르게 읽어나갈 수 있도록
책의 길을 터주는
책 중의 책이로소이다

서로 아무런 친분도 없이
가나다 알파벳 순서로 배열된
제각각의 어휘들
집 짓기 위해 쌓아둔 벽돌처럼
가만히 제 자리를 지키고 있다가
때가 되면 길잃은 나그네의 나침반이 되고
항로 잃은 고깃배의 등대가 된다

그런데도 마땅한 대접은커녕
외려 새 시대의 전자파 검색창에 밀려
자꾸만 쓸모마저 잃어가는 사전
그래도 서가 구석 외진 자리에서
묵묵히 때만 기다리고 있다.

하얀 목련

겨울의 장막 뒤
긴긴 기다림 속에서
어머니의 젖가슴처럼
부풀어 오르는 희망의 꽃망울

봄의 입김 불어오는 때를 기다려
바닐라 아이스크림 같은 시원함으로
누구보다도 서둘러 화사하게
꽃눈 터뜨리는 목련

이파리가 눈을 뜨기도 전에
먼저 피었다 사라지는 꽃잎
자기가 누릴 기쁨보다는
어린싹들이 잘 돋아나도록
희생하는 하얀 손길
따뜻한 어머니 마음이다.

어울리는 모자

얼굴 위 머리를 덮는 모자
민머리나 백발 같은
자신의 결점을 가리기 위해서
겨울의 찬바람을 막기 위해서
아니면 순전히 몸단장을 위해서
모신 낯선 손님이지만
진정 어울리는 모자가 되려면
얼굴과 하나가 되어야 한다
어울림이란
새로 온 것이 이미 있는 것들에게 드리는 헌신
자기의 돋보임이 아니라
경의와 화친의 미소를 보낼 때
그리하여 함께 있으면서
서로가 있는지 없는지 모르게 될 때
피어나는 함박꽃웃음이다.

벽시계

벽에 붙어서
냉정하게
무심하게
제 길만 간다

세상의 어떤 유혹에도
눈 하나 깜빡하지 않고
정해진 간격 지키며
벽창호 옹고집으로
제 길만 간다

하루에 두 번 도는 열두 숫자판
한 바퀴를 예순으로 나누고
그 아래 또 예순으로 나누어
몸 안의 많은 톱니바퀴를
지존의 생명줄로 다스리며
세상의 맥박이 되게 하는
시간의 소리 그림자
벽의 발자국이다.

이단

멀리 있지 않고
가까이에 있다
언뜻 눈에 띄지 않지만
틈새 반듯한 자리에 들어와
모든 걸 떳떳이 본뜨며 산다
어느 건 너무나 정교하여
진짜보다 더 진짜 같다

모름지기 정도를 걷는 사람은
무엇에 묶여있는 자신을 풀어
언제나 약자의 편에서 세상을 바라보며
겸손과 감사로 이웃에 도움을 주며 살지만
끊임없는 곁눈질로 기회를 노리는 이단은
시기 질투 탐욕 속에 자신을 묶어두고
언제나 강자의 편에 기대어 제빛을 내다가
제풀에 쓰러지고 만다

짝퉁과 진짜의 다툼 속에서

자기는 아니라고 하지만
마음이 조금이라도 비어있으면
어디에나 자생할 수 있다.

시인의 말

어릴 적 나는 무척이나 수줍음을 많이 탔다. 숙기가 없어 여러 사람 앞에 선뜻 나서지 못하였고, 활달하고 용기 있게 자기의 소신을 펴 나아가는 사람을 보면 너무나도 부러웠다. 그래서 그로부터의 일탈을 수없이 시도했다. 그러나 완전한 정답을 지니지 않는 본성을 인위적으로 바꾸어버리는 것은 부질없는 짓이라고 깨닫게 된 것은 훨씬 후의 일이었다.

성인이 된 나를 사람들은 점잖다고 말한다. 아예 젠틀맨이라고 부르는 이도 있다. 그러나 그 뿌리는 역시 수줍음에 있다. 말수가 적은데다가 천성이 원칙쟁이라서 자제력이 지나쳐 감정을 쉽게 드러내지 않는다. 그래서 가까이하기 어렵다고 말하는 사람도 있다.

그런데 그 뒤엔 엉뚱하게도 항상 주춤대는 나를 나무라는 또 다른 내가 있다. 자존심과 공명심이라는 이율배반적인 나. 연약한 자아가 숨어있는 곳에서 강한 자아가 종종 마주치곤 한다. 그것은 매사에 망설임으로 지체되는 나를 일으켜 세워 신중이라는 이름으로 자라나게 해서 뒤늦게나마 나를 앞으로 나아가게 했다. 나의 행로는 항상 멀리 돌아가는 굽은 길이었다.

〈옥인동 가는 길〉. 나의 여덟 번째 시집의 이름표를 달아 본다. 옥인동은 내가 태어나 자라난 곳. 나의 고향이고 어머니 품이다. 내가 인생을 시작하고 꿈을 키우며, 세상을 살아가는 방법을 연마하던 삶의 둥지다. 그러면서도 그것은 내 인생 전체의 목표이기도 했다. 아니, 순수하고 맑았던 수줍음의 시절, 그래서 사물과 대상에 대해서 주관적인 주장이나 요구보다는 잔잔히 바라보고 순응하게 만든 그 세계로의 자연스러운 복귀는 나의 지속적인 소망이기도 했다.

세상은 우리 삶의 울타리 안에서 줄곧 직선의 행로만을 강요해 왔다. 경쟁이라는 이름 아래 모두가 과학적 수리적 타산으로 가야 할 지름길만을 택하게 하였고, 우리는 그 줄을 따라 곧게만 달려왔다. 나도 많은 부분 그렇게 살아왔다. 그러나 우리 인간은 곧은 줄을 긋는다고 하면서 결국은 구부러진 줄을 따라가고 있음을 뒤늦게 깨닫는다. 그렇지 않다면 출발한 곳에서 지금은 더는 돌아갈 수 없는 아주 먼 곳에 서 있어야 하지 않을까. 사람이 죽으면 돌아간다는 표현을 쓰고 있듯이, 우리 인생의 본 모습은 곡선, 그것이야말로 자연이라고 부르는 회귀의 연속이다.

오스트리아 출신의 화가, 건축가, 환경 예술가 프리덴스라이히 훈데르트바써 Friedensreich Hundertwasser (1928-2000)가 생각난다. 그는 신과 자연은 원래 직선을 모른다고 전제하면서, 그것을 '악마의 도구'라고까지 규정하며 혐오했다. 과학기술의 발전으로 관능적, 오락적으로 상품화되는 인간의 삶을 안타까이 바라보면서, 합리적인 곧은 선만을 요구하는 세상을 향하여 그는 구부러진 선의 여유로움, 너그러운 환상環狀을 대안으로 제시한다. 그것이야말로 우리의 삶과 예술에 다양한 가능성을 열어줄 수 있는

참 길이자 자유로운 추상의 지향점이라고 본다.

  나의 시 세계는 순환과 회귀, 동그라미가 근본 이미지로 작용 되는 자연 속에 있다고 자평하고 싶다. 시가 숨 쉬고 있는 자연의 본령은 긴장의 팽팽한 줄을 내려놓은 곡선의 세계다. 이것은 섣부른 합리주의에서 벗어나려고 하는 나의 세계관에 기름진 에너지를 공급하고 있다. 이런 토대를 공고히 하기 위해서 나는 내가 사는 주위환경과 유기적 관계를 형성해 보려고 했고, 그것을 인간과 자연의 화해라고 부르는 훈데르트바써의 시야에 나의 눈길을 맞춘다.
  너무나도 원론적인 이야기이지만, 문학은, 특히 시는 환경의 순전함을 떠나서는 존재할 수 없다. 예술은 과학적이고 인위적이고 규칙적인 형태에서 해방되지 않고서는 역시 존재할 수 없다. 사람의 손길로 가공되지 않는 자연스러움을 그린다. '평탄하지 않은 마룻바닥이 발에는 멜로디'라고 표현하는 예술가의 인식이 나에게 절대적인 공감을 안겨주는데, 시의 제반 요소도 이처럼 인간의 계획과 설계에 얽매이지 않는 자유로움 속에 깃들어 있어야 한다고 생각한다.

  수줍음은 곡선이다. 차츰 세파에 물들면서 수줍음의 강도가 옅어지는 것을 발전이라 부르는지 모르지만, 영악해진 사회는 그럴수록 소외와 고립을 낳는다. 아직 익숙하지 못한 세상 환경에 대해 인위적인 주장이나 그 어떤 날카로운 공격도 가함이 없이 먼저 순응하며 자신을 바침으로써 나타나는 경의의 표시다. 세상에는 원래 있는 본성을 마구 마름질하며 훼손하고도 시의 옷을 입힌 시들도 많다. 이런 우리에게 고향은 어린 시절, 옛 둥지를 찾아가면서 더욱 회복을 열망하게 하는 원천이다.

  지구는 둥글다. 수학자 뫼비우스 A. F. Moebius (1790~1868)가 창안한 '뫼비우스의 띠'. 이 가상의 조형물은 한끝을 180도 돌려 비튼 다음 양 끝을 붙이면 쉬이 만들어진다지만, 그 안에 갇힌 우리 인간은 머나먼 길을 가는 것 같아도 결국은 우리 내면에 자리 잡은 마음의 길로 돌아오고 만다. 김수환 추기경은 언젠가 인생에 있어서 가장 긴 여행은 바로 머리에서 가슴까지의 거리이며 최종목표는 자기 마음의 길을 더듬어 보는 것이라 했다. 역시 공감되는 바 크다. 그것이 바로 시의 본질이자 활동공간이며, 아직 순수함이 보호되고 있을 옛 고향과 원초적 내면세계로 돌아가는 길이다.

  수줍음이 자리하고 있는 어린이의 세계, 우리는 거기서 세상의 경외와 마주하게 된다. 바로 이 시집에서 내가 찾고자 하는 세계의 출발점이 아닌가 한다.

2024년 12월 20일

솔뫼 趙 斗 桓